KB179616

쉽고 간편하게 그림으로 배우는
알짜배기 골프 3

쉽고 간편하게 그림으로 배우는
알짜배기 골프 3

발행일 2017년 8월 22일 1판 1쇄

지은이 이봉철·박상용
발행인 최봉규

발행처 지상사(청홍)
등록번호 제2002-000323호
주소 서울 강남구 언주로79길 7(역삼동 730-1) 모두빌 502호
우편번호 06225
전화번호 02)3453-6111 **팩시밀리** 02)3452-1440
홈페이지 www.jisangsa.co.kr
이메일 jhj-9020@hanmail.net

ⓒ 이봉철, 박상용 2017
한국어판 출판권 ⓒ 지상사(청홍), 2017
스포츠모델·이유민 / 사진일러스트·이유경
ISBN 978-89-6502-278-7 (04690)
ISBN 978-89-6502-275-6 (세트)

이 도서의 국립중앙도서관 출판시도서목록(CIP)은 e-CIP홈페이지(http://www.nl.go.kr/ecip)와
국가자료공동목록시스템(http://www.nl.go.kr/kolisnet)에서 이용하실 수 있습니다.
(CIP제어번호: CIP2017016759)

쉽고 간편하게 그림으로 배우는

알짜배기
골프

이봉철 박상용 지음

3

지상사
Jisangsa

초보 골퍼 스스로의 관심과 흥미를 유발 단계적인 지도 방법을 제시한 책

안녕하세요. 호서대학교 스포츠과학부 골프전공(KLPGA 프로) 정일미 교수입니다. 나의 삶의 기쁨 중의 하나는 좋아하는 일이 있다는 것이며, 또한 좋아하는 일을 지금까지 하고 있다는 것입니다. 그것은 30년을 넘게 동고동락해 온 골프입니다. 오랜 기간 골프를 지속하는 비결은 하고 싶은 일을 해야 할일로 만들어갔기 때문입니다. 8번의 KLPGA 투어 우승의 골프선수로서 활동하면서 현재는 챔피언스투어 시합에 출전하며 대학에서 후학을 양성하는 교육자로서 활동을 하고 있습니다.

대한민국의 골프 시장은 대중화되어 가고 있습니다. 골프 종목을 올림픽에서 금메달을 획득의 승전보로 국민들을 통합시키고 인간 내면화의 공기로서 그 위치를 확고히 자리 잡고 있습니다. 이제는 스포츠 강국으로서 국민의 삶의 질을 향상시키는 한국의 골프 문화를 일부 소수가 아닌 대중의 스포츠로 사회 통합과 조화로운 사회 구현에 목표를 두어야 한다고 생각됩니다.

《알짜배기 골프》는 엘리트 선수를 양성하는 성과주의의 골프가 아닌 지, 덕, 체 중심의 전인교육으로 친밀한 유대감을 제고시키고 목표 성취를 위한 합리적인 행동 규범을 풀어나가고 있습니다. 특히 재미있고 알찬 내용은 스킬 중심의 골프 레슨을 지향하는 골퍼들에게 가지고 있는 운동 수행능력과 잠재되어 있는 능력을 개발하기 위한 구성으로 초보 골퍼 스스로의 관심과 흥미를 유발시키면서 읽을거리를 제공하고 있습니다.

우리나라의 골프 스포츠는 이제 내면화와 사회화를 위해 골프 스포츠를 제도권 밖 교육에서 제도권 안으로 전환되어야 합니다. 골프는 일부 특권층의 전유물은 아닙니다. 물리적, 공간적 시설과 과도한 비용 등이 필요하다는 기존의 관념을 벗어나서 양질의 자원과 혜택을 개인이 선택할 수 있도록 사회 전체가 용인하고 웰빙을 위한 자기주도 학습으로 이어져야 합니다.

골프는 개인 운동으로 연습의 방법이 중요합니다. 이 책은 참여자들의 기초 체력을 다지고 균형 잡힌 자세를 연습할 수 있도록 준비 운동과 근력의 구조에 따른 숙달 방법으로 체력을 단련하고 운동 시 부상을 방지하는 체계적이고 과학적인 연습 방법을 제시하고 있습니다.

《알짜배기 골프》는 골프마니아를 위해 스트레칭 훈련과 밸런스 훈련, 그리고 심리 훈련을 시행함에 있어 초심자들이 싫증을 내지 않고 자발적이며 능동적인 참여를 할 수 있도록 단계적인 지도 방법을 제시한 책 입니다.

단계적으로 처음에는 맨몸이나 변용된 도구를 사용하여 자연스럽게 골프에 흥미를 갖도록 하면서 체력을 증진하는 기초 체력운동, 운동 수행능력, 스윙 스킬에 따른 차별화를 주는 최고의 책입니다. 《알짜배기 골프》는 지도자에게는 체계적이고 과학적인 지도 방법을 제시하고, 배우는 골퍼들에게는 운동 수행의 지침서로서 통섭의 지혜를 가지기 바랍니다.

호서대학교 스포츠과학부 골프전공(KLPGA 프로)

정일미 교수

추천의 글

알짜배기 골프는 맨발로 알아갑니다
자기주도 학습으로 알아 가는 힐링 골프

우리는 놀이와 게임과 스포츠에는 친근하지만 골프에는 거리감이 있습니다. 특정인들의 전유물로만 생각하기 때문입니다. 알짜배기 골프는 놀이이자 게임이며 스포츠입니다. 알짜배기 골프는 맨발로 알아가는 징검다리 골프로서 골프 초보자들이나 비기너들의 기초 체력을 배양하고 자기주도 학습을 위한 힐링 골프입니다.

성인들의 대중화된 골프를 어린이들의 놀이에 접목시켜 스포츠의 순기능인 내적 만족을 통한 신체적 경쟁을 통해 유소년들에게는 성장 운동 기능과 어린이의 운동 신경 능력을 증가시키며 성인들에게는 사고 감정 및 행동 양식을 통합하고 조화롭게 하기 위함입니다.

알짜배기 골프는 인체 각 기관의 고유 기능을 제대로 수행할 수 있도록 자유로운 라운지나 체계화된 학습 공간에서 시공간을 활용하여 원활하게 운동 수행을 할 수 있도록 하기 위한 전인 교육과 스포츠의 사회화를 지향합니다.

알짜배기 골프는 참여 스포츠의 대중화를 위해 엘리트 선수를 양성하는 성과주의의 골프가 아닌 지, 덕, 체 중심의 전인 교육으로 친밀한 유대 감정을 제고 시킵니다. 또한 목표 성취를 위한 합리적인 행동 규범을 제시하는 모든 대상들에게 즐겁고 재미있게 맨발로 친근하게 다가갈 것입니다.

특히 골프를 배우는 초보자에게 잠재되어 있는 능력을 개발하기 위해 알짜배기 단계적인 훈련 교육을 통해 주입식의 지루한 교육 형태가 아닌 비기너 스스로의 관심과 흥미를 유발시키는 훈련으로 단련되어져야 합니다.

알짜배기 골프는 초심자들이 자연스럽고 빠르게 골프에 익숙해지기 위한 골프입니다. 단계적으로 기본적인 자세와 기술, 용어 등의 핵심적인 요소들을 파악하며 배움과 동시에 역학적인 신체의 움직임을 통해 균형 잡힌 신체 발달도 유도합니다.

신체의 조화와 안정을 위해 기초 체력을 바탕으로 개인의 신체 발달에 따라 참여자 스스로 골프에 대한 흥미와 잠재력을 키워나가 골프의 무한한 가능성을 찾게 합니다.

골프는 개인 운동입니다. 개인 운동은 연습의 방법이 중요합니다. 참여자들 스스로 기초 체력을 다지고 숙달 방법으로 체력을 단련하고 운동 시 부상을 방지하는 체계적이고 과학적인 연습으로 운동되어야 합니다.

알짜배기 골프는 골프를 위해 스트레칭 훈련과 밸런스 훈련, 그리고 심리 훈련을 시행함에 있어 초심자들이 싫증을 내지 않고 자발적이며 능동적인 참여를 할 수 있도록 단계적인 지도 방법을 제시합니다.

알짜배기 골프는 체계적인 훈련으로 많은 시간을 할애하는 라운드 중심의 엘리트 선수들에 비하여 주어진 시설에서 골프 스포츠에 대한 실체를 알 수 있도록 연령에 맞게 스트레칭과 워밍업을 충분히 시켜주면서 흥미와 지식을 제공합니다.

특히 기형화된 자세에 잠재되어 버린 능력을 개발하기 위해 스킬 중심의 스윙 척도에서 운동 수행 능력 향상과 스윙을 위한 드릴을 중점적으로 정리하였습니다. 아울러 신체 발달, 운동 신경, 자기감정 조절, 사회성과 정서, 창의력, 도전성 고취 등 목표 관리의 프로그램으로 정신력과 협동심을 키우고 인간관계도 넓힐 수 있도록 합니다.

알짜배기 골프는 진입이 어려운 초심자들에게 균형 잡힌 자세를 만들고 기초 체력을 향상시키기 위해 ① 기초 과정, ②응용 과정, ③심화 과정으로 단계화한 체계적인 코칭으로 정리하였으며 골프 스포츠로 배우는 인간의 지적 능력과 운동 수행 능력을 배양시키기 위함입니다.

저자 이봉철 박상용

CONTENTS —————————————————

심화 과정

01 골프 티칭론

🏌 골프의 3대 요소

◆골프 게임은 스윙 기술과 심리 기술, 체력으로 이루어져 있습니다.

골프 수행 체계

스윙 기술	심리 기술	체력
SHOT GAME	목표관리	근력, 순발, 지구력
LONG GAME	이완, 김상, 집중력, 자신감	유연성
TROUBLE SHOT	코스매니지먼트	건강관리

🎨 골프의 순기능

◆골프는 인간의 정신적인 운동과 신체적인 운동이 융합되어 있어 개인과 조직, 그리고 사회 전반에 있어 많은 순기능이 작용하고 있습니다. 작게는 골퍼의 자기존중, 크게는 공동체의 화합과 배려 문화 등 긍정적인 스포츠문화를 조성하고 있습니다.

■골프는 오락적이면서도 교육적인 기능을 가지고 있습니다.

–오락, 게임, 학습, 자기개발을 하게 합니다.

■소통하고 공감하는 커뮤니케이션 기능이 있습니다.

–신체·정신적 만족과 사교의 장입니다.

–관람, 참여, 느끼는 스포츠로써 문화적 의의를 제고시킵니다.

■스포츠산업의 산업적 기능이 있습니다.

–스포츠이벤트 등 문화 행사로 융합되고 있습니다

–국가와 기업의 브랜드 효과가 증대됩니다.

–골프를 통한 마케팅을 할 수 있습니다.

■삶의 교훈을 주는 기능이 있습니다.

–골프는 과학으로 합리적 사고를 생성해 줍니다.

–인내심, 협동정신, 자아존중을 향상시킵니다.

–골프와 인생의 성공은 최상의 리더로 성장합니다

◉ 골프를 배우는 목적

◆골프를 배우는 것은 스윙을 배우는 것입니다.

◆골프를 하는 것은 마음을 다스리는 것입니다.

◆백인백색의 자세에서 나에 따른 맞춤 골프를 찾아내야 합니다.

■스윙을 하고 있는 사람이 시도하는 바는 무엇인가?

■시도를 위한 동작들은 어떻게 이루어지는가.

쉽고 간편하게 그림으로 배우는 알짜배기 골프 ③

*골프 리더가 되는 지름길

◆게임 매니지먼트를 확보해야 합니다.

◆게임 매니지먼트는 주의력 집중의 싸움입니다.

■스코어를 결정짓는 골프 게임 요소를 알아볼까요?

−파워 게임은 우드, 드라이버입니다.

−숏 게임은 100야드 이내, 퍼팅 게임입니다.

−멘탈 게임은 두려움, 자신감, 공격력, 평정심이 나타나고 있습니다.

−매니지먼트 게임은 골퍼의 강점과 약점을 드러나게 합니다.

−매니지먼트를 확보하는 길은 효율적인 연습 시간의 배분입니다.

시간배분

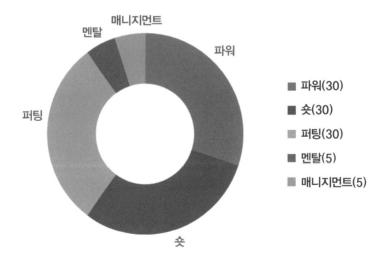

파워

멘탈   매니지먼트

퍼팅

숏

- ■ 파워(30)
- ■ 숏(30)
- ■ 퍼팅(30)
- ■ 멘탈(5)
- ■ 매니지먼트(5)

🏌 골프 기술을 확보

◆골프는 움직임의 기술과 생각의 기술입니다.

◆스윙이 좋지만 멘탈이 좋지 않는 골퍼가 있습니다. 하지만 스윙이 나쁘지만 멘탈이 좋은 골퍼가 있습니다.

◆스윙을 한다는 것은 단순히 몸의 움직임을 하는 것이 아니라 움직임을 제어하는 생각을 바로 하는 일입니다.

◆본능적인 스윙은 내면으로부터의 골프입니다.

⚽ 경기 능력을 확보

1 연습에 투자해야 합니다.

천재는 1%의 영감과 99%의 땀으로 만들어진다고 합니다. 한 분야에 전문가가 되기 위해서는 1만 시간의 연습이 필요하다고 말콤 글레드웰의 '1만 시간의 법칙(417일)'이 말하고 있습니다. 1만 시간은 대략 하루 세 시간, 10년간 연습해야 합니다. 왜 보통 사람은 연습을 통해 남보다 더 많은 것을 얻어내는가에 대해서는 아무것도 설명해 주지 못합니다. 그러나 어느 분야에서든 이보다 적은 시간을 연습해서 세계 수준의 전문가가 탄생한 경우를 발견하지는 못했습니다.

하루를 연습 하지 않으면, 내 자신이 알고
이틀을 연습 하지 않으면, 갤러리가 알고
삼일을 연습 하지 않으면, 온 세상 사람들이 다 안다

-Ben Hogan-

2 습관을 만들어야 합니다.

습관은 여러 번 되풀이함으로서 저절로 익고 굳어진 행동입니다. 인체 신경회로에 자동화시스템을 구축하는 것입니다.

휘두르는 것에 집중할 때 자연스러움은 만들어집니다. 행동은 생각에서 비롯됩니다. 퍼팅에서도 볼 1개로 연습하는 방법은 집중력을 향상시켜 줍니다.

골프에서 프리 샷 루틴은 매우 중요합니다. 프리 샷 루틴은 샷을 하기 전 일정하게 반복하는 일련의 준비 과정을 뜻합니다. 프리 샷 루틴을 습관화시켜야 합니다. 정신적 루틴은 머릿속으로 하고 행동적 루틴은 실행으로 하길 바랍니다.

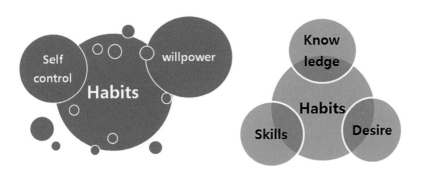

3 스윙해야 합니다.

골프에서 양손은 클럽과 몸을 이어 주는 도구입니다. 따라서 클럽을 휘두른다는 것은 팔을 휘두르는 것입니다.

야구나 테니스는 움직이는 볼을 주시하고 히트한 뒤에 목표 지점에 시선을 두지만, 골프는 영상의 효과가 더 필요합니다. 민첩한 운동 신경보다는 목표 지점을 머릿속에 상상하고 정지해 있는 공을 주시하여 원하는 샷을 만들어야 한다는 점에서 높은 정신력과 집중력 그리고 조건 반사 신경이 요구되는 것입니다.

올바른 어드레스가 된 후에는 스윙의 방법을 익혀야 하는데, 골 프는 자신의 힘만을 믿고 설쳐서 휘두르는 것이 아니라 스윙의 순 서를 이해해야만이 일관된 스윙을 만들어 낼 수 있습니다.

4 샷을 해야 합니다.

샷은 목표를 향해 쏘는 일입니다. 표적이 없는 스윙은 공을 때리는 근력 운동에 불과합니다. 표적이 있는 스윙은 온몸의 감각과 신경이 표적을 향해 반응하는 것입니다.

골프는 표적이 있어야 합니다. 골 프에서 배우는 모든 기술적 동작은 표적을 향해 표적으로 쏘기 위한 동작입니다.

5 멘붕 탈출을 위한 전략은 조화입니다.

완벽한 골프의 선결은 기술훈련, 체력훈련, 심리훈련입니다. 체력
이 완벽한 골퍼도 기술이 뒷받침되지 못하면 승리할 수 없습니다.
기술이 탁월한 골퍼도 체력이 없으면 승리할 수 없습니다. 기술과
체력이 균형감을 가지고 있지만 마음이 붕괴되면 승리하지 못합
니다. 골프에서 완벽한 골프는 3가지 요소의 균형을 유지하며 조
화를 이루는 일입니다.

02 초보 레슨론

🏌️ 초보 레슨론이란

◆스윙의 개념이 전혀 없는 교육생도 마음과 몸에 부담 없이 누구나 쉽고, 재미있게 그리고 정확하게 가장 기본적인 그립 및 자세뿐만 아니라 예의와 룰 등의 습득을 통해 자연스럽게 골프를 가까이 할 수 있도록 근본적이고 다양한 교정법을 체계적으로 전달하는 과정입니다.

⚙️ 스윙의 체크 포인트

1 스윙의 기초가 되는 쿼터 스윙입니다.

얼리 코킹으로 클럽은 지
면과 평행이 되어야 하고
척추기울기와 헤드 페이
스가 평행되어야 합니다.

2 기술적인 하프 스윙입니다.

왼팔은 지면과 평행이 되게 하면서 왼
팔과 클럽은 직각이 유지되어야 합니
다. 골반은 오른쪽으로 밀리지 않고 약
간 회전만 합니다.

③파워를 생산하는 백스윙 톱의 자세입니다.

왼쪽 어깨는 오른발 안쪽까지 최대한 회전시킵니다. 오른쪽 무릎은 견고하게 지탱해야 합니다.

④스윙 궤도의 일관성 연습입니다.

바른 스윙은 스윙의 직선 운동부터 시작입니다.

⚾ 드라이버와 아이언의 차이점

1 클럽의 길이가 다릅니다.

길이가 짧으면 다루기가 쉽고 길이가 길면 다루기가 어렵습니다.
아이언은 가파르게, 드라이버는 완만하게 다룹니다.

2 볼이 놓여 있는 위치가 다릅니다.

아이언이나 우드의 볼은 지면 바닥에 놓여있고, 드라이버의 볼은
티 위에 있습니다.

③ **스탠스의 폭이 다릅니다.**

아이언은 어깨 넓이를 기준으로 길이에 따라 좁게 서고, 드라이버 는 어깨 넓이보다 넓게 섭니다.

④ **척추의 각과 몸과 손의 간격이 다릅니다.**

드라이버는 척추 외각이 세워지고 손의 간격이 떨어지며, 숏 아이 언일수록 척추 외각은 굽어지고 손은 조금 붙게 됩니다.

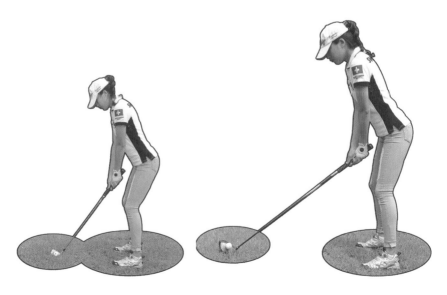

5 볼의 위치가 다릅니다.

드라이버는 볼을 왼발 뒤꿈치에 놓으며,
아이언은 볼을 오른쪽으로 이동시킵니다.

6 체중 분배가 다릅니다.

아이언은 다운블로(찍어 치는) 5.5(왼) : 4.5(오)의 비율로 왼쪽
에 체중을 두고 어드레스하며, 드라이버는 어퍼블로(올려치는)로
4.5 : 5.5 비율로 오른쪽에 체중을 둡니다.

7 스윙 타법이 다릅니다.

아이언은 다운블로(찍어 치는) 타법이며, 드라이버는 어퍼블로
(올려치는) 타법입니다.

■다운블로 타법

■어퍼블로 타법

⑧척추기울기 각도가 다릅니다.

다운블로와 어퍼블로로써 아이언은 2도 정도 기울어지며, 우드
는 5도, 드라이버는 7도 정도 기울어집니다.

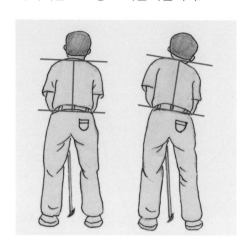

⑨스윙면이 다릅니다.

아이언은 업라이트한 톱으로 자연스럽게 내려찍어 치며, 드라이
버는 플랫한 톱이 되어 약간 올려칩니다.

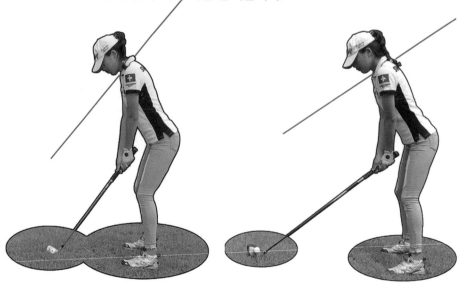

03 골프 역학론

🏐 골프 스윙은 역학적인 스윙으로

◈골퍼의 근육으로부터 발산되는 에너지와 클럽과 팔이 지구라는 중력장에 떨어지면서 발생되는 위치에너지가 정지해 있는 공에 전달되는 과정입니다.

▲어드레스　　　　　▲백스윙　　　　　▲임팩트 이후

⚙ 3가지 효율적인 에너지 전달

◆역학적인 스윙이 효율적인 에너지 전달을 할 수 있습니다.

근육에너지	골퍼	어드레스
위치에너지	중력장	백스윙탑
운동에너지	몸의 꼬임과 풀림	임팩트

⚙ 역학과 골프 스윙의 상관관계

◆비거리는 클럽헤드의 속도가 좌우합니다. 클럽헤드의 속도가 빠를수록 운동에너지가 공에 많이 전달되며, 전달되는 운동에너지는 클럽헤드의 무게와 클럽헤드 속도의 제곱에 비례합니다. 역학적 에너지 발생은 골프 스윙과 상관관계가 있습니다.

■위치에너지와 토크 – 백스윙 시 몸의 꼬임
■운동에너지 손실 최소화 – 좌우상하 움직임
■운동에너지 최대 – 임팩트 시 일시에
■기계학적 측면 레버암 최대 – 커다란 궤적
■스윙 원심력 – 관절과 근육의 팽창
■지면반력 – 비틀림에 대한 저항 지지
■신체, 코어의 유연성 – 손목, 관절의 힌지

🌑 골프 스윙은 원심력으로 합니다

◆스윙은 클럽헤드에 원심력을 발생시키는데 있습니다. 줄에 돌을 매달아 손으로 빙빙 돌려보면 돌에 원심력이 발생된다는 것을 알 수 있고, 원심력을 발생시키는 축과 동력이 손이라는 사실도 알 수 있습니다. 또한 회전하는 돌의 속도와 운동 방향 등 전체를 컨트롤하는 것도 손이라는 것을 알 수 있습니다.

◆이것을 골프 스윙에 적용해 보면 원심력을 발생시키는 축과 동력인 손이 우리의 몸통에 해당되고, 돌에 연결된 줄은 팔과 클럽에 그리고 돌은 클럽헤드에 해당됩니다.

클럽헤드

팔, 클럽

몸통

⚾ 몸을 중심으로 하는 회전운동이 힘입니다

◆결국 스윙은 손이나 팔로 하는 것이 아니라, 몸으로 동력을 발생시켜 클럽헤드의 속도를 나게 하고 방향을 컨트롤 합니다. 줄에 해당하는 팔이나 클럽은 힘을 전달하는 통로입니다.

◆골프 스윙은 몸을 중심으로 한 회전운동이라 할 수 있는데, 거리와 정확성을 위해 몸과 팔의 적절한 조화인 타이밍과 몸을 통제하는 마음의 컨트롤이 잘되어야만 거리를 낼 수 있고, 항상 원하는 곳으로 공을 날려 보낼 수가 있습니다. 그러므로 몸과 팔 그리고 마음의 조화와 컨트롤을 위해 정확한 이론을 알고 부단한 연습과 노력이 필요합니다.

⚾ 스윙 시 발목에 힘이 가해져요

◆발목에 가해지는 코일링의 힘을 토크라 합니다. 토크에 의해 백스윙에서는 오른발목에서 앞꿈치를 회전시키려는 힘이 발생하고, 팔로우스윙에서는 왼발 앞꿈치를 회전시키려는 힘이 발생합니다. 발바닥의 안정된 세팅은 백스윙은 오른발, 팔로우스윙에서는 왼발이 각각 메인이 되어 중심을 지지해야 합니다.

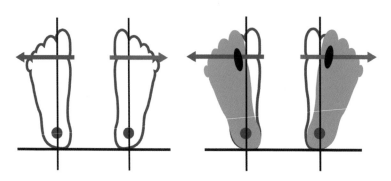

🏌 스윙 역학은 체형에 따라 달라집니다

◈ 마르고 골격이 작으며, 근육 성장은 느리고 체지방은 낮은 사람은, 외배엽으로 위치적 에너지를 이용해야 합니다.

◈ 적당한 골격에 근육 성장이 빠르며, 체지방은 보통인 사람은, 중배엽으로 역학적 파워를 이용해야 합니다.

◈ 골격이 매우 크며, 근육 성장도 빠르나 체지방도 높아서 살이 잘 찐 사람은, 내배엽으로 근력을 이용한 스윙이 돼야 합니다.

▼외배엽   ▼중배엽   ▼내배엽

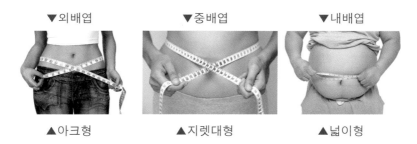

▲아크형   ▲지렛대형   ▲넓이형

3
골프 역학론

🏌 체형별로 스윙이 달라요

■ **역학적 파워를 이용하는 골퍼는**
코일링으로 빠른 몸의 회전

지렛대 스윙(현대적 스윙)을 해야 합니다. 손목코킹, 상체의 코일링에 의한 물리역학적 스윙입니다.

쉽고 간편하게 그림으로 배우는 알짜배기 골프 ③

■**위치에너지를 이용하는 골퍼는 넓은 스탠스로 히프의 측면 이동**

아크스윙을 해야 합니다. 팔과 다리의 길이와 높이에 의한 위치에 의해 파워 형성합니다.

■**근력을 이용하는 골퍼는 체중이 실린 파워샷**

넓이 스윙입니다. 근육의 힘, 가슴 넓이를 이용하여 강력하게 새총의 원리처럼 공을 공략합니다.

⊛ 척추의 움직임이 달라요

■척추의 역할이론

–척추는 경추부, 흉추부, 요추부의 33개의 뼈로 구성되어 골퍼의 몸을 지탱하면서 척수를 보호하며 척추 신경을 조절하고 유지합니다.

–경추는 몸의 안정성과 가동성을 가지며 앞뒤로 상하 움직임과 좌우 회전에 강한 움직임을 가지고 있습니다.

–흉추는 관절 면이 평행으로 구성되어 있어 좌우 회전의 가동성을 가집니다.

–요추는 몸을 지탱하는 안정성을 가지며 앞으로 굽히고 뒤로 젖히는 움직임을 가집니다.

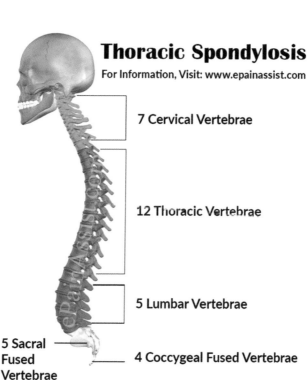

Thoracic Spondylosis

For Information, Visit: www.epainassist.com

7 Cervical Vertebrae

12 Thoracic Vertebrae

5 Lumbar Vertebrae

5 Sacral Fused Vertebrae

4 Coccygeal Fused Vertebrae

■흉추의 가동성을 확보하라

-스윙의 힘은 가동하는 고관절과 흉추에서 나옵니다.

-흉추는 척주에서 가장 안정된 부분으로 코어의 안정성을 확보
하여 회전시켜야 합니다.

-흉추는 경추와 어깨 견갑골에서 요추로 이어주는 역할로서 호
흡을 위한 역학적 공기통 구조를 제공합니다.

■흉추 회전 운동 연습

-앉아서 골반을 고정한다.

-쇄골 부분에 막대기 대고 두 팔을 X자로 잡는다.

-흉추만을 이용하여 몸통을 회전시킨다.

-흉추 회전 가동성은 30~40도, 경추 회전 가동성은 70도 정도
로 전체적으로 90도 정도 회전시킨다.

04 스윙 원리론

🏌 골프 스윙은 과학적으로

◆과학적인 골프 원리란 골프 스윙을 하는데 있어 갖추어야 할 방향
성과 일관성 그리고 비거리를 내는데 있어 몸에 무리 없이 최대한
의 능력을 발휘하는 기본적인 원리로서, 물리적인 면과 역학적인
면 그리고 해부학적인 면을 알기 쉽게 정리하고 이해를 돕는 이론
을 말합니다.

🏐 중력과 양력에서의 볼이 비행하는 원리

◆골프공은 회전축(SPIN-AXIS)에 의해 백스핀(BACK SPIN)
이라는 회전운동이 발생합니다. 골프공의 회전축(AXIS OF
ROTATION)이 수평을 유지하면 골프공은 좌우로 휘지 않고 똑바
로 날아갑니다. 반대로 회전축이 비틀어지게 되면 비틀어진 방향
으로 커브를 그리며 구부러집니다. 커브가 발생하는 원인은 백스
핀에 의한 양력 때문입니다. 골프공의 회전축이 비틀어지는 이유
는 헤드페이스(Face angle)의 방향과 스윙궤도(Path)의 차이 때
문에 발생합니다.

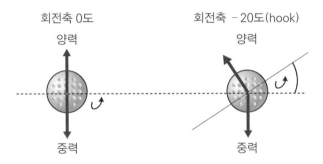

🏐 골프 스윙의 기본

■머리 위치를 잡아라.

임팩트 후까지 머리는 공 뒤에 꾸준하게 유
지해야 합니다. 몸과 클럽 사이의 일관된 스
윙 임팩트 순간에도 머리가 볼의 뒤쪽에 머
물러 있어야 공에 체중을 실을 수 있습니다.
머리는 스윙의 전 과정에서 축을 이루며, 신
체의 나머지 부분은 그 축을 중심으로 이동
과 회전을 해야 합니다. 머리가 하체의 이동
에 맞추어 왼쪽으로 따라가게 되면 다이내믹
한 에너지를 충분히 뿜어낼 수 없게 됩니다.

■손잡이를 단단히 하라.

다른 인위적인 힘을 가하지 말고 일정한 그립 악력으로 일정하게 스윙 내내 유지되는 그립이 이상적인 그립입니다. 이론상으론 스퀘어 그립이 표준이지만, 거리와 방향성이라는 두 마리 토끼를 잡으려면 인체 역학상 스트롱 그립이 좋습니다. 실제 투어 프로들이 증명하고 있습니다. 방향성이 좋은 오버랩 그립을 해야 합니다. 비거리를 낼 수 있는 스트롱 그립을 해야 합니다. 스트롱 그립은 양손의 V자 홈이 오른쪽 귀와 어깨를 가리키는 그립입니다.

■굳건한 자세를 가져라.

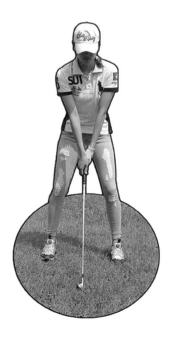

편안하게, 무릎보다는 상체를 구부려야 합니다. 어드레스에서의 안정성입니다. 퍼펙트한 스윙은 무게 중심의 높이와 몸의 평면을 차지하는 크기, 체중에 영향을 받습니다. 안정된 토대에서 가볍게 춤추듯이 움직이는 골퍼가 체중이동도 쉽고, 정확하게 임팩트도 할 수 있는 법입니다. 체중은 발바닥 중심에 두어야 합니다. 상체보다는 하체에 토대를 두어야 합니다. 숏 아이언은 왼쪽에 체중을 두고, 드라이버는 오른쪽에 체중을 두어야 합니다.

■효율적 발놀림을 하라.

오른쪽 발목을 타깃 방향으로 롤링되면서 적절한 체중 이동이 되어야 합니다. 임팩트 시 오른발의 뒤꿈치는 약간 들려 있어야 합니다. 그러기 위해서는 체중이 충분히 왼발로 옮겨지고 몸도 자연스럽게 회전해야 합니다. 그 요체의 첫째는 하체인데, 이는 파워를 만들어 내는 것과 직결된 사항입니다. 오른발 뒤꿈치는 지면에서 약간 떨어져 있어야 합니다. 유의할 점은 오른쪽 무릎의 굽이가 20°로 어드레스 자세와 같아야 한다는 것입니다.

■방출에 힘쓰라.

골프 클럽이 원활한 릴리스가 되려면 왼손보다 오른손이 위에 위치되어야 합니다. 클럽의 토우는 백스윙을 할 때와 마찬가지로 지면과 수직이 되는 이미지를 만들면서 오른손은 왼손보다 위에 위치하고 오른쪽 손등은 정면을 향해야 합니다. 이렇게 해야만 효율적으로 몸을 이용하여 적절하게 스윙의 방향과 플레인에 맞는 릴리스를 할 수 있습니다. 구심력을 가지고 몸의 중심을 향해서 두 팔로 스윙함으로 몸은 이에 따라가게 되고 클럽 헤드의 스윙 속도는 최대치에 도달하게 됩니다.

■균형을 유지하라.

전체적으로 5가지 기본이 유지되어야 균형을 가질 수 있습니다. 안정된 피니시 자세입니다. 배를 내밀어라. 벨트를 타깃 방향으로 던져라 등의 스킬은 매우 유용한 피니시를 위한 전제 조건입니다. 비기너들의 핸디캡은 피니시를 완결시키지 못하기 때문에 일관성이 떨어진다는 점입니다. 배를 내밀면서 피니시 자세를 구축하라. 하지만 배를 내밀면서 먼저 일어서면 안됩니다. 머리를 고정시키고 체중을 왼쪽으로 이동시키면서 왼쪽 팔꿈치는 지면을 향하는 것이 피니시를 구축하는 요건입니다.

05 구질 원리론

🎱 골프 구질을 이해하자

◈골프는 무엇보다 우선적으로 전제되어야 하는 것 중의 하나가 볼
이 날아가는 비행 방향입니다.

◈이는 볼의 구질을 이해하는 것입니다.

◈골퍼가 친 공이 날아가는 방향에 따라 그 볼의 구질을 이해하면
연습을 하는데 또는 필드에서 샷에 문제가 발생했을 때 문제를 해
결할 수 있는 능력이 생깁니다.

◉ 비행하는 9가지 구질

9가지 날아가는 방향

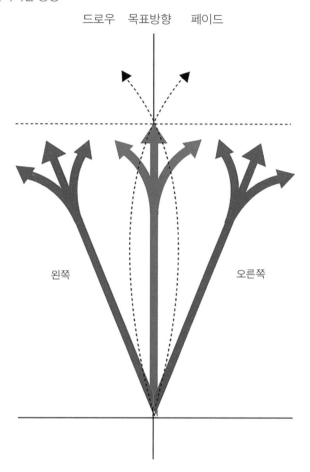

드로우　목표방향　페이드

왼쪽　　　　　　　　　　　오른쪽

5
구질 원리론

◆클럽이 닫힐 때 풀훅, 훅, 푸시훅, 드로우.

◆클럽이 열릴 때 풀슬라이스, 슬라이스, 푸시슬라이스, 페이드.

◆직각일 때 풀, 스트레이트, 푸시.

　골퍼의 동작으로 발생하는 생크, 뒷땅, 탑볼이 있습니다.

🏌 구질을 결정하는 2가지 요소

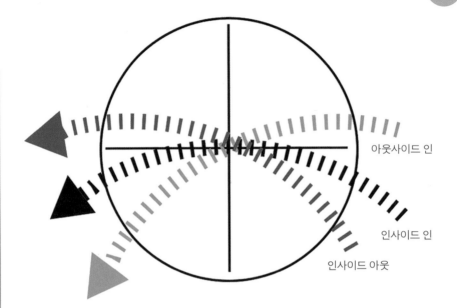

아웃사이드 인

인사이드 인

인사이드 아웃

▲스윙 궤도

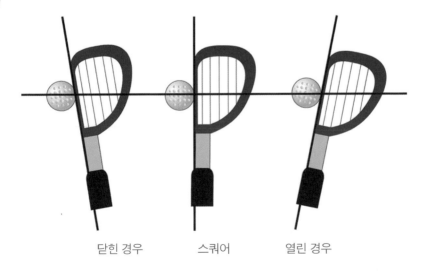

닫힌 경우　　　스퀘어　　　열린 경우

▲임팩트 시 페이스각

🎱 스윙 궤도로 본 구질

■아웃사이드 인 패스(타깃의 왼쪽에서 시작)

슬라이스 – 타깃의 오른쪽으로 향한다.

풀훅 – 계속 마지막까지 왼쪽으로 향한다.

풀 – 단순히 왼쪽으로 직선으로 날아간다.

풀슬라이스 – 계속 오른쪽으로 향한다.

■인사이드 아웃 패스(타깃의 오른쪽에서 시작)

훅 – 타깃의 왼쪽으로 향한다.

푸시훅 – 타깃의 왼쪽으로 향한다.

푸시 – 단순히 오른쪽으로 직선으로 날아간다.

푸시슬라이스 – 계속 오른쪽으로 간다.

■인사이드 인 패스

직구 – 볼 구질은 최상이다. 볼은 단순이 똑바로 간다.

페이드 – 타깃 라인에서 시작해서 타깃의 오른쪽으로 향한다.

드로우 – 타깃 라인에서 시작해서 타깃의 왼쪽으로 향한다.

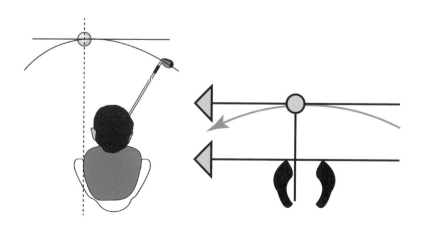

인 사이드 인의 스퀘어 궤도

5
구질 원리론

📀 페이스 각으로 본 구질

■열려있으면 슬라이스이며, 닫혀있으면 훅, 직각이어야 스트레이트입니다.

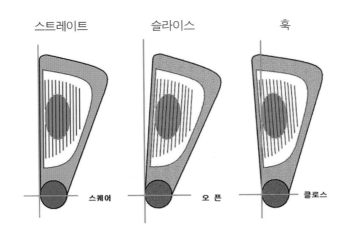

| 스트레이트 | 슬라이스 | 훅 |
| 스케어 | 오픈 | 클로스 |

📀 라이각으로 본 구질

■업라이트하면 왼쪽, 플랫하면 오른쪽, 평행이어야 스트레이트입니다.

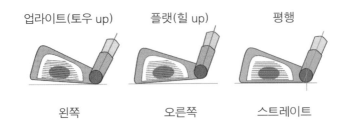

| 업라이트(토우 up) | 플랫(힐 up) | 평행 |
| 왼쪽 | 오른쪽 | 스트레이트 |

⛳ 인투인으로 쳐야 하는 이유

◆ 골프는 방향성과 비거리입니다. 방향성을 위해서는 임팩트 시 페이스면의 각도를 직각으로 맞추면 되지만 비거리를 확보를 위해서는 골프 장비의 특성상 클럽 로프트와 밀접한 관계가 있습니다. 중력과 양력의 상태에서 임팩트 시는 힘과 공의 탄력에 의해 스윙 궤도에 상승하지만 하강 시에는 힘이 소진되고 사이드스핀으로 구질이 변해 구질이 결정됩니다.

◆ 비거리를 확보하기 위한 최대의 조건은 볼이 헤드 페이스 중심 부분에 최대한 오랫동안 머무를 수 있을 때입니다. 헤드 스피드가 빠른 사람이 장타를 칠 수 있는 조건이 됩니다. 헤드 페이스 중심 부분에 최대한 오랫동안 머무를 수 있는 방법은 볼을 안쪽에서 진입시키면서 임팩트 되는 순간 볼을 계속해서 밀고 나갈 수 있을 때입니다. 이는 비구선을 향해 헤드를 길게 밀어주는 자세로서 원심력이 작용되었을 때 최대 효과를 낼 수 있어 골퍼들에게 있어 가장 중요한 방향과 비거리를 잡을 수 있는 인투인 스윙을 하는 이유입니다.

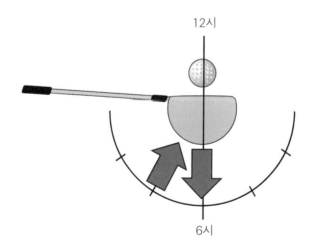

목표 지점은 12시, 백스윙은 6시 방향, 공략은 7시 방향

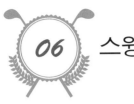

06 스윙 타법론

🎨 스윙 타법이란

◈골프를 치는 사람이라면 누구나 정확하게 멀리 보내고 싶어 합니다. 이러한 수행을 위하여 얼마나 인체의 구조를 이해하고 효율적인 동작으로 스윙을 하는가에 달려 있습니다.

◈특히 회전 운동은 회전 효율을 높이기 위한 방법을 알지 못한다면 근육의 힘을 클럽헤드에 전달할 수 없습니다. 효율이라고 하는 것은 적은 힘으로 큰 효과를 거두고자 하는 것입니다. 따라서 정확한 거리와 방향을 위해서 스윙에서 근육의 70% 정도에서 최대의 파워를 만들어 내야 합니다. 이처럼 원활한 수행을 위해서는 스윙 타법의 원리를 이해해야 합니다.

🏐 골프 타법의 핵심은 중심축

◈골프는 무슨 운동인가 – 회전 운동입니다.

◈회전 운동에서 가장 중요한 것은 무엇인가 – 축

◈골프에서의 축은 무엇인가 – 인체의 수직 축

◈골프에서의 회전을 담당하는 것은 무엇인가 – 상체는 몸통, 하체
는 골반입니다.

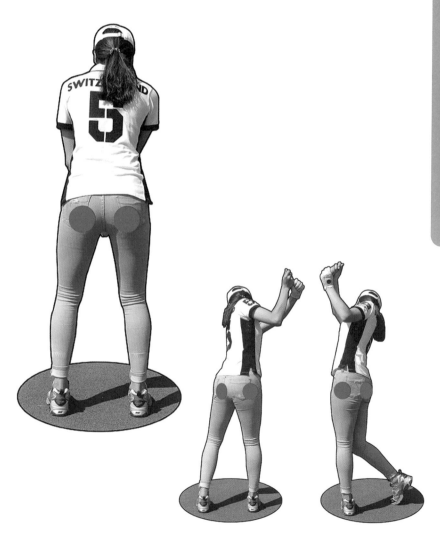

🏌 코킹과 밴딩

◆손목이 엄지손가락 쪽으로 꺾이는 것을 코킹(Cocking)이라고 말
하며, 손등 쪽으로 꺾이는 것을 밴딩(Banding)이라고 합니다.

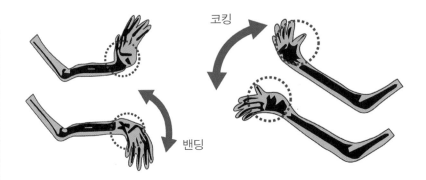

🏌 코킹과 언코킹의 발생

◆코킹은 백스윙 초기에서 발생하여 탑에서 완성됩니다. 언코킹은
다운 시작 코킹 유지하고 임팩트 시 코킹의 풀림으로 발생합니다.
올바른 언코킹은 팔꿈치 구부림 유지하고 볼을 향해 양팔 이동시
켜야 합니다. 언코킹이란 스윙할 때 코킹한 손목을 펴서 원상태로
돌아가게 하는 것을 뜻합니다.

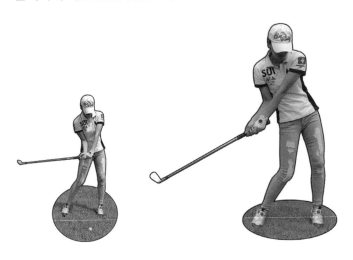

쉽고 간편하게 그림으로 배우는 알짜배기 골프 ③

🏌 스윙의 진짜 비밀은

◆ 코킹을 유지하는 것입니다. 공을 최대한 가까이 가기까지 손목을
유지하면서 이동시키는 것입니다. 다음 임팩트를 통해 언코킹하
고 팔로우스루하여 다시 코킹합니다.

🏌 캐스팅과 레깅의 차이

◆ 레깅이란 코킹을 풀지 않고 임팩트까지 끌고 오는 동작을 말하며
캐스팅은 코킹이 풀리는 동작을 말합니다.

◆ 래깅은 몸 안쪽으로부터 이뤄지도록 해야 하고, 오른손바닥은 몸
앞 정면을 향하는 느낌이 들어야 합니다. 넓은 폭의 아크가 허리
높이에 이르렀을 때도 줄어들지 않고 임팩트 바로 직전까지 그립
한 양 손목의 깊은 코킹 각을 그대로 유지할 수 있다면 폭발적인
스윙을 구사할 수 있습니다.

레깅

캐스팅

⚉ 백스윙의 크기

◆역학적으로 보면 원호를 크게 하면 할수록 운동량을 크게 할 수
있지만, 운동은 근육이 수축 시 힘을 만들어 내는데 근육이 감당
할 수 없는 큰 백스윙은 정확도와 파워를 감소시킵니다. 따라서
축을 고정한 상태에서 몸통 턴으로 백스윙이 리드되어야 합니다.
왼팔이 펴진 상태로, 오른팔은 인체 축에 가깝게 굽혀져 있는 상
태로 회전된 원호가 가장 적당하다고 할 수 있습니다.

◆백스윙의 크기와 스피드를 조절하여 짧고 간결한 스윙을 하는 것
이 좋습니다.

쉽고 간편하게 그림으로 배우는 알짜배기 골프 ③

⚫ 골프에서 운동량의 크기

◆골프 스윙 운동량은 백스윙 시의 손목, 어깨 몸통의 꼬임에서 축적된 에너지의 분출을 통하여 만들어집니다. 안정적인 토대를 유지하는 다리의 역할은 매우 중요합니다. 오른쪽 다리는 이러한 에너지 축적 과정에서 중심을 받쳐주는 역할을 하며, 다운스윙 시작 시 안정적으로 에너지 전달을 하게 해 줍니다. 왼쪽 다리는 더욱더 중요합니다. 왼쪽 다리가 임팩트 시 고정되지 않는다면 애써 축적한 에너지가 클럽헤드의 운동량으로 전달되지 않고, 쓸데없이 우리 몸을 앞으로 움직이는 데에 쓰여져 손실을 보게 됩니다.

⚫ 몸의 꼬임을 극대화한 스윙

◆체중 이동과 회전에 초점을 둔 스윙입니다.

▲백스윙 시의 회전과 다운스윙 시의 체중 이동

6

스윙 타법론

07 스윙 메커니즘

⚙ 스윙의 메커니즘이란

◆골프의 기본은 무엇보다도 일정한 스윙면의 유지입니다. 스윙면 개념은 세계 100대 골프 지도자들이 골프의 기본이라고 꼽고 있습니다. 좋은 샷은 그립, 양발 간격, 자세, 리듬 그리고 다른 요소들이 잘 융합됐을 때 일관된 스윙면 유지가 가능합니다.

⚾ 스윙면 유지를 위한 라이각

◆ 스윙면의 기본은 골프 클럽의 라이각(Lie Angle)입니다.

◆ 골프 클럽을 선택 시 구력이 있는 골퍼들은 클럽의 어드레스 시 안정성과 라이각 상태를 신중하게 고려합니다.

◆ 일반적으로 헤드 앞쪽(토우 부분)이 들렸다 또는 아니다 하는 것 은 라이각의 상태를 두고 이야기하는 것으로, 라이각은 골퍼의 키와 샤프트 길이와 연관 관계가 있으며, 볼의 방향성과 구질 그 리고 탄도에 중요한 영향을 미칩니다.

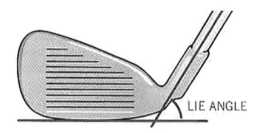

LIE ANGLE

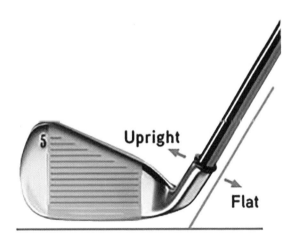

Upright

Flat

7

스윙 메커니즘

✪ 라이각이 방향에 미치는 영향

◆라이각은 '**첫째 볼의 방향성에**' 절대적인 영향을 미칩니다. 라이가 업라이트하면 볼은 좌측으로, 플랫하면 우측으로 나갑니다. '**두 번째 영향은 볼의 구질에**' 영향을 미칩니다. 라이가 업라이트하면 좌측으로 나간 볼이 페이드 구질로 날게 되며, 플랫하면 우측으로 나간 볼이 끝에서 드로우 구질로 휘게 됩니다. '**세 번째는 볼의 탄도에**' 영향을 줍니다. 아이언의 라이가 플랫하면 볼이 덜 뜨고, 업라이트하면 더 뜨게 됩니다.

평행인 라이

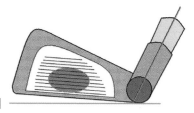

업라이트한 라이

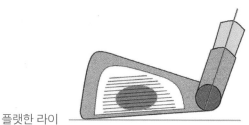

플랫한 라이

⚾ 스윙 플레인

◈스윙은 원플레인 스윙과 투플레인 스윙으로 구분합니다. 스윙 플레인이란 어드레스 시 발생한 라이각에 백스윙 탑에서 형성된 가상의 라이각과 평행한 평면을 말합니다. 원플레인 스윙은 팔이 어깨와 같은 플레인으로 올라가는 스윙이며, 투플레인 스윙은 팔과 어깨가 서로 다른 경사면으로 움직이는 스윙입니다.

▲원플레인   ▲투플레인

⚾ 원플레인과 투플레인의 차이

◈원플레인 스윙과 투플레인 스윙의 가장 큰 차이는 원플레인은 상체가 많이 숙여지는 반면 투플레인은 보다 세워져 있다는 것입니다.

▲데니스 크락의 원플레인 스윙

▲탐 왓슨의 투플레인 스윙

7 스윙 메커니즘

🌀 스윙의 차이

◈아이언 스윙은 샤프트가 짧은 만큼 볼과 가까워져 허리를 숙이게
되므로 척추 각도가 더 낮아지지만 샤프트 라이 각도는 커져 업라
이트한 스윙이며, 드라이버 스윙은 볼이 몸에서 더 멀리 떨어져야
함으로 허리를 펴고 플랫한 스윙입니다.

🌀 자신에게 적합한 스윙을 찾아라

◈라이각은 자신의 신장과 스윙 궤적에 맞게 스퀘어한 라이를 유지하
는 것입니다.

🏌️ 라이각은 변화한다

◈헤드의 원심력으로 작용 받아 샤프트가 안쪽으로 휘는 현상으로
라이각이 변화됩니다.

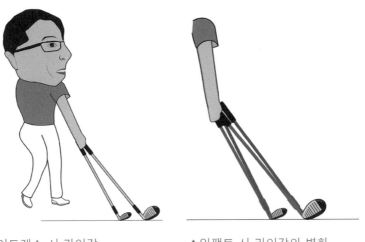

▲어드레스 시 라이각　　　　　▲임팩트 시 라이각의 변화

🏌️ 임팩트 시 휘어지는 샤프트

◈임팩트 시 헤드는 샤프트를 가로질러 볼을 타격합니다.

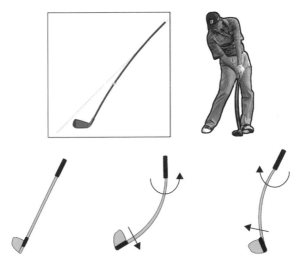

7 스윙 메커니즘

🏌️ 임팩트 시 일어나는 현상

◆골프공이 클럽헤드와 만나서 클럽페이스를 튕겨서 나갈 때까지의 시간 10만분의 5초 정도입니다.

◆볼은 클럽헤드의 타격으로 스핀이 발생됩니다. 경로에서 벗어난 타격인 훅이나 슬라이스를 현상시키는 사이드스핀이 발생되며 이미 순간 총알처럼 날아가는 골프공의 구질은 클럽페이스를 떠난 후에는 정상적으로 잡을 수는 없습니다.

◆205그람짜리 드라이버로 볼의 중심을 가격했을 때 물리학적으로 일어나는 현상 자료입니다.

■볼이 15~30% 찌그러짐.

　(볼의 압축 강도 볼외경 42.67에서 13mm)

■헤드가 볼에 머무는 시간 100,000/5초. (0.00005초)

■헤드스피드 90~100마일.

■헤드의 원심력으로 헤드 쪽에 작용되는 힘 40~60파운드.

■헤드가 샤프트 앞으로 휘어 나가 클럽페이스가 1~2도 닫힘. (샤프트의 변화)

■샤프트가 헤드 아래 방향으로 휘어져 라이가 플랫하게 변함.

　(토우가 가라앉음)

08 비거리 메커니즘

🏌 비거리 메커니즘이란

◆350야드가 넘는 비거리를 누구나 꿈을 꿉니다. 그러나 거리를 많이 내는 만큼에 비례하여 정확성이 떨어지는데 비거리 메커니즘은 감각에 의존하는 스윙이 아니라 과학적 이론을 기본 근거로 합니다. 우리 몸의 근육운동학에 접목시켜 몸에 무리 없이 최대한의 파워와 정확성을 갖게 하는 기계적인 스윙을 만드는 이론입니다.

🏌 비거리는 어떻게 발생하나요

◆비거리는 전체 스윙 메커니즘에서 볼에 전달되는 파워에 비례하며, 그 파워는 스윙 메커니즘에서 특정한 움직임에 기초해 반응합니다. 파워를 통해 비거리를 만들어 내는 스윙 메커니즘의 중요한 동작은 어드레스 시의 체중 분배, 다운스윙 시의 시동, 몸의 중심의 회전에 영향을 미칩니다.

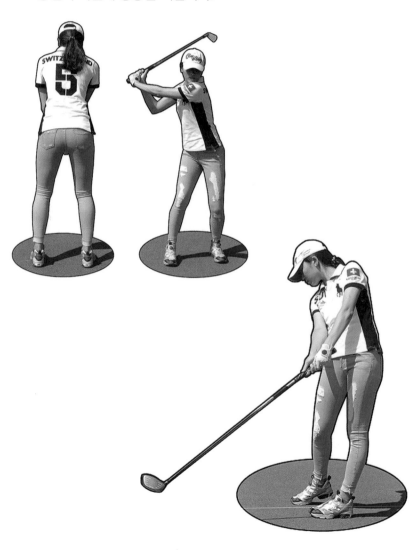

⚉ 비거리 3요소

■투사각과 백스핀

헤드스피드가 빠른 골퍼는 로프트각이 큰 클럽을 사용하면 스핀량이 많아져 높이 올라가 거리가 나지 않으므로 로프트가 작은 클럽을 선택하고, 헤드스피드가 느린 골퍼는 초기 비행이 쉬운 로프트가 큰 클럽을 선택합니다.

■정확한 임팩트

클럽헤드와 볼과의 접점으로 이를 연결하는 짧은 순간입니다.

■헤드스피드

헤드스피드의 빠르기는 크게 두 가지로 인해 스피드가 나는데 그 하나는 중력과 과학적 이론에 근거한 스윙의 자세이고, 또 한 가지는 우리 몸의 유연성과 근육의 힘으로 이루어집니다.

◉ 드라이버 타격 각도

■골프 스윙의 관습에 따라 발사각이 결정되는데 골퍼가 볼을 조준하여 스윙을 할 때 임팩트(Impact) 직전에 클럽이 지면과 이루는 각, 즉 어택각(Angle of Attack : 공격각)에 의하여 크게 좌우됩니다. 일반적으로 아이언의 스윙의 어택각은 Negative(- : 마이너스) 각도이며, 드라이버는 아이언과 달리 Positive (+ : 플러스) 각도여야 합니다. 잘못된 골퍼들은 드라이버의 스윙에서 어택각이 Negative(-)가 발생합니다.

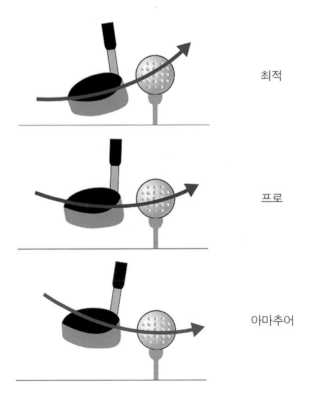

최적

프로

아마추어

최적의 타격각도/프로의 타격각도/아마추어의 타격각도

🎱 아이언 타격 각도

■필드에서 볼을 향하여 조준하는 아이언의 어택각은 다운스윙에서 먼저 핸드퍼스트를 유지해야 합니다. 왼손등이 타깃 방향을 향하면서 볼을 먼저 직접 가격하면서 이어 디보트 자국을 내는 다운브로우로 타격하여야 합니다.

■연습장에서의 어택각도 역시 잔디부터 치는 뒷땅이 아니라 볼 중심을 직접 타격하는 마이너스 어택각이어야 합니다.

필드에서의 아이언 어택각

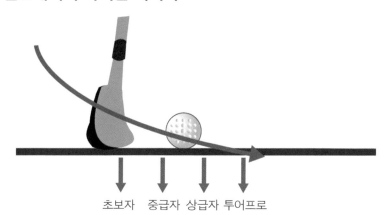

초보자　중급자　상급자　투어프로

연습장에서의 아이언 어택각

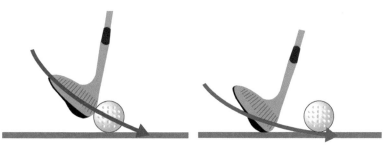

▲볼의 중심을 친다(O)　　▲잔디를 친다(X)

8
비거리 매커니즘

🎱 백스핀이란

◈1분을 주기로 측정되는 것으로서 백스핀은 클럽 로프트, 어택 앵글, 골프 볼 구조, 환경적인 요인에 영향을 미칩니다. 백스핀은 볼의 포물선의 절반 뒷부분을 측정하거나 런칭 모니터로 더욱 정확하게 측정된 볼 탄도에 기초합니다. 너무 많은 백스핀은 회전이 너무 많아 거리를 감소시키고, 백스핀이 너무 낮으면 볼이 뜨지를 않아 비거리를 감소시키기에 볼의 최초 탄도가 높아야 합니다.

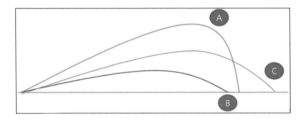

🎱 스윙 시 어느 구간에서 헤드스피드를 높여야 하나요

◈헤드스피드는 백스윙 톱에서 볼을 치기 바로 직전까지입니다. 내 몸의 오른편의 헤드스피드를 늘려야 합니다. 톱오브더스윙에서 다운스윙이 시작되는 구간부터 볼을 치는 임팩트 구간까지 최대 헤드스피드가 나오게 해야 합니다. 히터는 임팩트 전까지 헤드스피드를 늘려 강한 임팩트를 주지만 스윙어는 임팩트 이후에도 팔로스로우까지 헤드스피드를 늘리는 타법입니다.

헤드스피드업　　　　　톱오브더스윙

헤드스피드업　　　　　임팩트

⊛ 비거리 늘리는 방법

■골프클럽의 길이가 길면 늘어납니다.

■골프클럽 샤프트의 플렉스가 부드러워야 늘어납니다.

■그립 시 V홈의 방향이 오른쪽 귀를 향해야 늘어납니다.

■어드레스 시 스탠스의 폭이 넓으면 늘어납니다.

■백스윙 시 어깨 턴의 크기가 크면 늘어납니다.

■백스윙 시 몸의 바른 꼬임, 똑바른 축의 꼬임, 전체적인 꼬임의 격차가 크면 늘어납니다.

■체중의 이동을 하면 비거리가 늘어납니다.

■톱에서 손의 위치(힘 있는 사람은 플렛, 학생이나 유연한 사람은 업라이트)가 체형에 맞아야 늘어납니다.

■다운의 전환은 하체로, 큰 근육으로 다운을 시작해야 비거리가 늘어납니다.

■톱에서 딥다운까지의 코킹을 유지해야 늘어납니다.

■다운에서 하체 턴의 빠르기가 빨라야 늘어납니다.

■축의 고정되어야 합니다.

■손목의 턴이 되어야 합니다.

■다운 시 양쪽 사이드의 쓰임이 견고해야 합니다.

 **09** 트러블 메커니즘

🏌 트러블 메커니즘이란

◆트러블 메커니즘이란 골프 게임을 하는데 있어 불가피하게 어려운 지형에 볼이 떨어져 탈출하거나 스크렘블을 하기 위한 샷으로서 기술적인 샷이 요구됩니다.

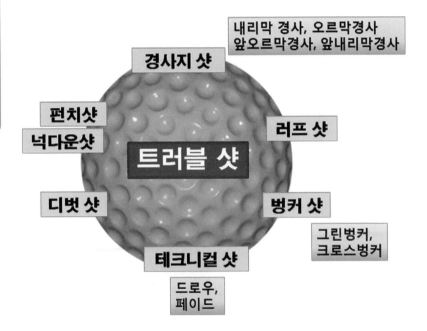

🏌️ 경사지 샷의 구분

◈경사지 샷은 4가지 유형으로 구분할 수 있습니다. 목표 방향에 따라 경사지가 나타나는 형태인데요, 경사지에 따라 각각의 구질이 발생합니다.

샷의 구질

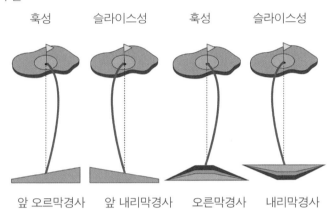

훅성	슬라이스성	훅성	슬라이스성
앞 오르막경사	앞 내리막경사	오른막경사	내리막경사

🏌️ 경사지 샷의 키포인트

◈상체 스윙으로 팔로만 하는 스윙해야 합니다.

경사 지형에 따른 스윙 자세

오르막 지형   팔로만 하는 스윙   내리막 지형

몸을 사용하는 정상적인 스윙

❶백스윙은 경사도가 가파를수록 올라가는 높이가 작아져야 합니다. 팔로만 스윙하는 자세입니다.

❷반대로 완만한 경사도인 경우에는 백스윙의 높이는 높아집니다. 몸통 스윙입니다.

❸경사지가 심한 지형일수록 무릎의 높낮이는 견고하게 유지되어야 하며 밸런스가 무너지지 않기 위해 팔로만 하는 스윙을 해야 합니다.

🏌 경사지 샷의 방법

경사구분	볼위치	체중	목표방향	백스윙궤도
업라이	왼발	오른발	오른쪽	경사면
다운라이	오른발	왼발	왼쪽	경사면
발끝 내리막	왼발쪽	왼발	왼쪽	인 사이드
발끝 오르막	오른발	왼발	오른쪽	아웃 사이드

업라이   다운라이

발끝 내리막   발끝 오르막

🏌 벙커 샷

◆그린 주변에 있는 그린 벙커와 페어웨이 중앙 부분에 있는 크로스 벙커로 나눕니다.

🏌 그린 벙커

❶사용 클럽 : 피칭, 샌드, 롭웨지 등을 사용합니다.

❷스윙 형태

볼의 위치는 양발의 중앙에 위치하고 손목의 콕킹을 최대로 이용하여 일정거리를 조절합니다. 체중의 분배는 왼발에 70~80% 두어야 자연스레 다운 브로우로 임팩트되며 스윙 내내 왼쪽에 체중 유지해야 합니다. 거리는 클럽페이스를 오픈각에(스텐스도 같은 크기)에 따라 조절합니다. 백스윙의 크기로 조절하기 보다는 볼 뒤의 모래를 가격하는 지점에 따라 거리를 조절합니다. 스윙은 백스윙 시 체중을 고정하고 임팩트 이후는 자연스레 따라가는 일관된 크기로 스윙을 해야 합니다. 피니쉬는 백스윙보다 커야 합니다. 스탠스를 오픈으로 섰어도 양어깨가 목표선을 향해 있어 볼은 목표 방향으로 비행하므로, 아웃사이드 인 궤도로 잡아당기듯이 쳐야 합니다.

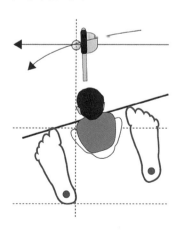

🏌 크로스 벙커

❶사용 클럽 : 모든 클럽을 사용합니다.

❷스윙 형태

평소보다 왼발에 체중을 조금 더 싣습니다. 볼의 위치는 평소보다 볼 하나 오른쪽으로 위치하고 왼손의 압력을 조금 더 하고 두 발을 단단히 합니다. 백스윙 시 체중을 고정하고 임팩트 이후는 자연스레 따라갑니다. 클럽을 조금은 짧게 잡습니다.

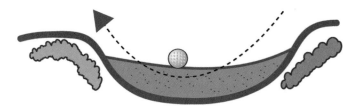

▲그린 벙커

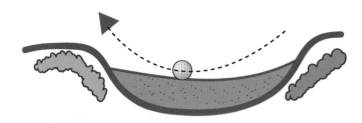

▲크로스 벙커

페어웨이 벙커 탈출은 u자형 스윙

쉽고 간편하게 그림으로 배우는 알짜배기 골프 ③

🏐 러프 샷

◆가능한 풀의 개입을 피하고 싶다면 아주 급한 각도의 스윙을 만들어야 합니다. 스윙 궤도의 각도를 크게 만들려면 클럽을 테이크백 할 때 손목을 빨리 꺾어주면 됩니다. 평소보다 왼발에 체중을 조금 더 싣습니다. 볼의 위치는 평소보다 볼 하나 오른쪽으로 위치하고 왼손의 압력을 조금 더 줍니다. 백스윙 시 체중을 고정하고 임팩트 이후는 자연스레 따라갑니다. 평소보다 로프트가 큰 클럽으로 사용합니다.

10 어프로치 메커니즘

◉ 어프로치 정의

◆풀스윙 이내의 거리에서 캐리와 런을 이용하여 핀을 향하여 볼을 접근시키는 상황의 샷을 말합니다.

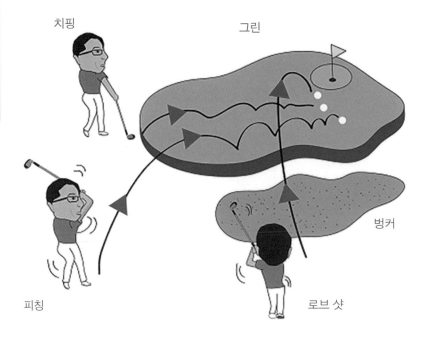

🎱 핸디캡 스크램블과 샷의 중요성

◆상급자가 될수록 그린에 가까울수록 스코어에 미치는 샷이 중요합니다.

◆**스코어에 영향을 미치는 네 가지 샷 중요도**

◆**핸디캡별 스크램블링 능력**

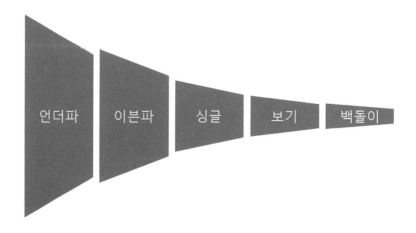

⚇ 쉽게 하는 어프로치 연습법

◆효과적인 칩 샷

외발로 체중을 유지한 채 칩 샷을 합니다.

◈효과적인 피치 샷

백스윙보다 팔로우스루가 커야 합니다.

◆**로브 샷**

로브 샷이라 함은 어프로치 중 핀과 그린 사이와의 폭이 좁아 볼을 바로 세워야 하는 상황이거나, 포대 그린이라 볼이 잘 서지 않을 경우에 높이 띄워 바로 세우는 샷으로 라이가 좋을 때 하는 샷입니다. 오픈스탠스로서 약간 아웃 투 인 스윙으로 클럽페이스가 하늘을 향하는 스윙이 되어야 합니다. 샷을 한 후 가슴을 들어 올리지 않도록 주의해야 합니다.

▲로브 샷

☺ 효율적인 어프로치 샷의 팁

■**가파른 백스윙을 하라**

◀가파른 백스윙

■다운스윙 시 오른손 팔꿈치를 붙여라.

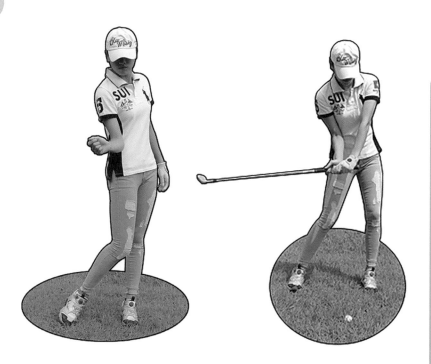

11 퍼팅 메커니즘

◉ 퍼팅이란

◆퍼팅은 드라이버 스윙처럼 파워를 내는 특성보다는 감각적인 운
동 신경을 가지고 기교를 중시합니다.

◈ 효율적인 퍼팅 방법

◆퍼팅은 완벽한 방향성은 인투인 진자운동으로 해결하고 거리 조절은 백스윙의 스트로크로 연습되어야 합니다. 어깨에 퍼터를 매달아 손을 쓰지 않고 어깨가 좌우로 진자운동이 되도록 합니다.

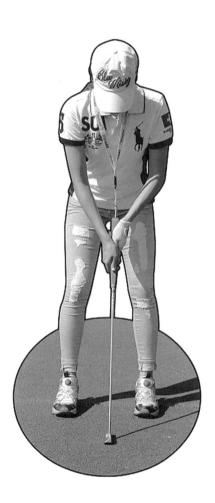

⚉ 시계추 스트로크

◈퍼터 페이스가 에임 라인과 수직(스쿼어)이 된 상태에서 공이 맞
아야 공은 에임 라인을 따라서 똑바로 굴러갑니다.

◈퍼팅 어드레스 시 어깨의 수직 아래에 위치하는 시계추 스트로크
는 스트로크시 페이스가 오픈되거나 클로즈될 가능성이 가장 적
은 최적의 스트로크 방법입니다.

◈손과 어깨가 수직으로 유지되어야 에임 라인을 따라 정확하게 일
직선을 이루는 스트로크를 할 수 있습니다. 손의 위치도 매우 중
요합니다.

[왼쪽 눈과 볼이 수직이 되어야 합니다
어깨와 손이 수직이 되어야 합니다.]

어깨

왼쪽 눈

손

볼

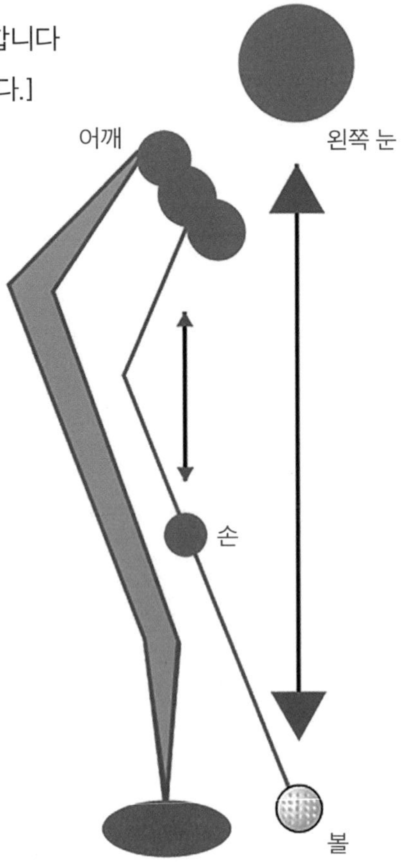

⊛ 프로 퍼팅 라인

◆어깨 넓이 안에서 퍼팅은 직선 스트로크입니다. 어깨 넓이를 벗어
날수록 클럽헤드는 열립니다.

◀어깨 넓이▶

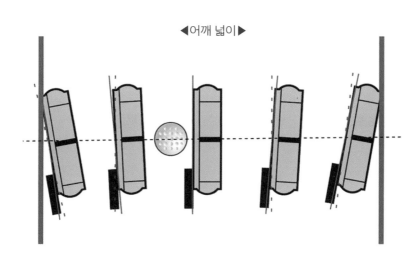

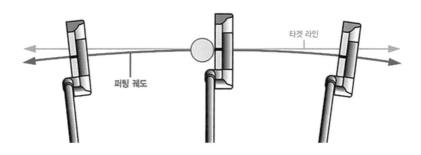

타겟 라인

퍼팅 궤도

◎ 퍼터 형태

◆퍼터의 디자인에 따라 퍼팅 궤도의 형태를 결정합니다.

■토우 무게 중심형 퍼터

페이스의 무게가 토우 쪽에 있어 각도만큼 지면에서 토우가 들리게 되어 있는 디자인입니다. 인사이드 스쿼어 인사이드 라인으로 스트로크됩니다.

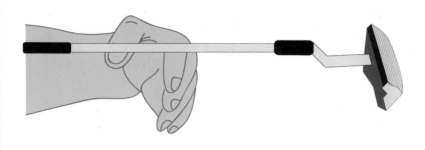

■페이스 밸런스 중심형 퍼터

페이스의 무게가 어느 한쪽에 치우치지 않고 일정한 페이스 밸런스로 퍼팅하는 디자인입니다. 시계추 스트로크입니다.

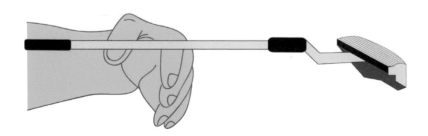

잘못된 퍼팅 자세

◆손목을 사용해서는 절대 안 됩니다.

◆클럽과 양손, 양팔, 어깨가 일체화된 한 단위로 움직여야 합니다.

11 퍼팅 메커니즘

❂ 상급자와 하급자의 퍼팅 비교

■상급자의 퍼팅

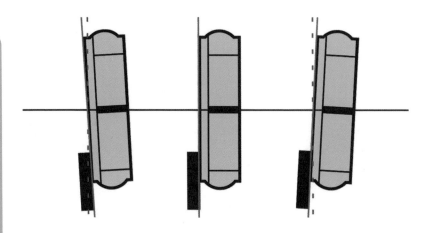

■하급자의 퍼팅

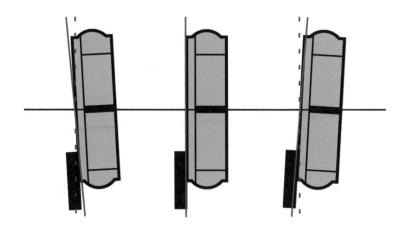

쉽고 간편하게 그림으로 배우는 알짜배기 골프 ③

◎ 브레이크 보는 방법

◆그린을 읽고 공 뒤에 서서 공이 어디로 굴러갈 것인지 확인하여 어느 지점으로 볼을 보낸 것인지 정합니다. 퍼터로 공을 쳐서 공을 출발시키려는 방향을 에임 라인이라 합니다. 공이 출발하여 실제로 굴러가는 궤적이 볼 트랙이며 그림처럼 홀과 에임 라인의 연장선과의 수직 거리를 브레이크지점이라 합니다. 브레이크가 클수록 거리와 에임 라인을 정하기가 까다롭습니다.

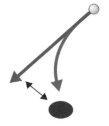

프로사이드 라인과 아마사이드 라인   에임 라인과 브레이크

◎ 퍼팅의 핵심은 볼의 순회전

◆볼이 튀거나 백스핀이 걸리면 방향성과 거리감이 붕괴됩니다. 일직선으로만 보내려는 욕심에 손을 쭉 뻗는 직각을 이루는 퍼팅은 역회전을 일으키고 볼을 튀게 만듭니다.

◆어퍼브로우 5분의 2 타법은 부드럽게 볼이 굴러가도록 순회전시키는 최상의 퍼팅 방법입니다.

▲당구에서 밀어치기 기법

최상의 퍼팅 연습법

◆퍼팅은 첫 번째, 퍼팅헤드에 부딪히는 타감을 익히는 스트로크를 자연스럽게 해야 합니다. 두 번째가 거리 연습입니다. 세 번째가 직진성을 위한 방향성 연습입니다.

1 스트로크 연습

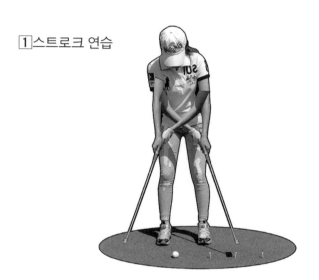

2 거리 연습

3 방향성 연습

12 골프 인문학

🎱 골프 스포츠의 완성

◈ 골프 스포츠의 완성은 지적, 정신적, 정서적, 인지적 태도와 행동까지 올바른 사람으로 성장시키기 위한 전인교육입니다. 스포츠의 목적은 전인완성입니다.

전인완성은 심동적(신체능력)
　　　　　정의적(인간의 정서, 감정)
　　　　　인지적(지적정신능력)인 목표입니다.

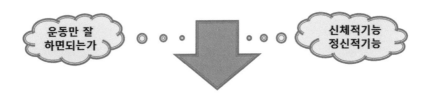

전인완성

⊛ 전인적 골퍼를 길러내는 일

■Sport Psychoiogy(심리)

골퍼는 자신, 타인 그리고 스포츠 자체를 위해서 운동기술뿐만이 아니라 지성과 인성의 도야가 함께 이루어져야 합니다.

■Sport Sociology(사회)

골퍼는 사회적으로 모범을 보여야 합니다. 골퍼는 다른 사람을 위해서 전인적 자질을 갖춰야 합니다.

■Sport Philosophy(철학)

훌륭한 골퍼는 훌륭한 사람입니다. 제대로 된 골퍼는 제대로 된 사람입니다. 제대로 된 사람이 체, 지, 덕이 하나로 된 전인적 특징을 골고루 갖춘 사람입니다.

■Sport Kinesiology(역학)

골퍼는 힘의 작용을 역학적으로 연구하여야 합니다. 인체의 뼈, 근육에 중점을 두어 역학의 법칙에 따라 신체 운동을 해명하여야 합니다.

⚇ 골프 인문학의 목적

◆골프 인문학의 목적은 골프를 가르치는 일을 전인적 골퍼를 길러
내는 일로 재개념화해야 합니다.

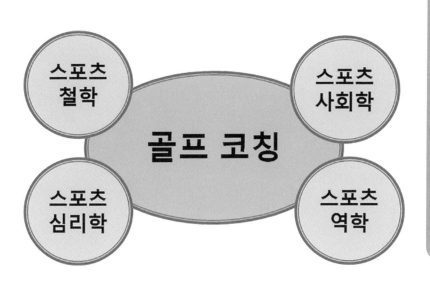

🏌 스포츠 인문학 코칭

◆스포츠 코칭의 경험적 코칭과 과학적 코칭이어야 합니다.

비인격적	비이성적	권위주의	비과학적
인간경시	승리집착	객관성 강조	효과성 강조

쉽고 간편하게 그림으로 배우는 알짜빼기 골프 ③

◎ 스포츠에서 철학이 중요한 이유

◆골프는 과학이고 멘탈 운동이기에 삶의 지혜를 찾는 실천적인 철학이 품격 높은 골퍼 양성을 위한 기본기입니다.

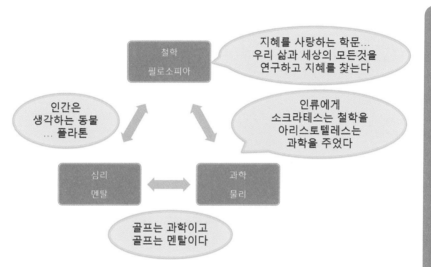

⚉ 덕의 리더십

◆사기에서도 리더의 정치에 등급이 있다고 하였습니다. 골프 스포
츠에도 등급이 있습니다.

구분	화식열전(사기)	인문 골퍼
1등급	자연스러움을 따르는 정치 순리의 정치	동반자와 함께 즐기는 군자 골퍼
2등급	이익으로 백성을 이끄는 정치 잘살게 하는 정치	실리적으로 게임을 풀어나가는 실속 골프
3등급	백성을 깨우치도록 가르치는 정치 훈계형 정치	잔소리가 많은 지식형 골퍼
4등급	백성을 일률적으로 바로 잡으려는 위압 정치	골프 룰에 집착하는 원칙형 골퍼
5등급	백성과 다투는 정치 못난 정치	경쟁에만 집착하는 스코어 골퍼

🏌 골프 속담으로 본 골퍼의 등급

■많은 비기너들이 스윙의 기본을 이해하기도 전에 스코어를 따지려든다. 이것은 걷기도 전에 뛰려는 것과 같다. / 스코어 골퍼

■정신 집중이란 한 목적을 완전 수행하기 위하여 플레이 중 끊임없이 자기 자신을 감시하는 것을 말한다. / 원칙형 골퍼

■두뇌로 이기지 못하는 상대에게 골프 게임으로 이길 턱이 없다. / 지식형 골퍼

■미스를 해도 미스가 되지 않는 연습을 하라. / 실속형 골퍼

■좋은 승자인 동시에 훌륭한 패자이어라. / 군자 골퍼

🌐 파트너 매너

◆파트너가 없으면 골프를 할 수 없습니다. 마음을 함께 나누고 소통하는 동반자가 되어야 합니다.

소통
communication

▲막히지 아니하고 잘 통함

공감
sympathy

▲남의 주장이나 감정, 생각 따위에 찬성하여 자기도 그렇다고 느낌. 또는 그러한 마음

배려
consideration

▲여러 가지로 마음을 써서 보살피고 도와줌

⚽ 베스트 골퍼의 5가지 자세

❶다른 사람을 간섭하지 말아야 한다. 절대로 침묵해야 한다.

❷자기 자신에게는 엄격하고 다른 사람에게는 부드러워야 한다. 그리고 자신이 즐기려면 다른 사람도 즐길 수 있도록 배려하지 않으면 안 된다.

❸골프 규칙은 다음 두 가지만 알고 있으면 충분하다. 하나, 볼은 있는 그대로 플레이한다. 둘, 자기에게 유리하도록 행동하지 않는다.

❹틀림없이 누군가가 지켜보고 있음을 잊어서는 안 된다.

❺자기 자랑할 여유가 있거든 그 시간을 이용하여 1개의 볼이라도 더 연습하라.

-1936년: 해리 바든